___/___/___

__/__/__

__ / __ / __

__ / __ / __

__ / __ / __

__ / __ / __

___ / ___ / ___

___ / ___ / ___

___/___/___

__ / __ / __

___/___/___

___ / ___ / ___

__ / __ / __

___/___/___

__ / __ / __

__ / __ / __

__/__/__

___ / ___ / ___

_ / _ / _

___/___/___

__ / __ / __

__ / __ / __

__/__/__

__ / __ / __

___/___/___

__ / __ / __

___ / ___ / ___

__/__/__

__ / __ / __

__ / __ / __

__ / __ / __

__ / __ / __

__ / __ / __

___/___/___

___/___/___

__ / __ / __

___ / ___ / ___

___/___/___

__ / __ / __

__ / __ / __

__ / __ / __

__ / __ / __

___/___/___

__ / __ / __

__/__/__

___/___/___

__ / __ / __

___/___/___

__ / __ / __

__ / __ / __

__ / __ / __

___ / ___ / ___

___ / ___ / ___

___/___/___

__ / __ / __

__ / __ / __

___/___/___

__ / __ / __

__ / __ / __

___/___/___

__ / __ / __

___/___/___

__/__/__

___ / ___ / ___

Made in United States
Troutdale, OR
03/13/2024

18438587R10066